This Journal Belongs To:

3 Card Spreads

Past / Present / Future
Mind / Body / Spirit
Card of the Day / Unexpected Twist / Potential Obstacle
Situation / Challenge / Resolution
History / Problem / Advice
Physical Body / Emotional Body / Spiritual Body
Past Life / Present Life / Future Life
Situation / Lesson / Advice
Ego / Higher Self / Connection
Me / Spirit Guide / How To Connect
Me / My Partner / Our Child
Goal / Pros / Cons
Me / Hidden Enemy / How To Limit Their Negativity
Present / Month Ahead / 3 Months Ahead
Finances / Hopes & Fears / Attitudes & Thoughts
Me / My Direction / My Unconscious Desires
Mother / Me / Father
Me / Friendship / Lesson
Me / Issue That Needs Healing / My Partner
Dreams / Fears / Reality

Date:_____ Time:_____

Deck:_____

Question:_____

_____

Card 1:_____

_____

_____

Card 2:_____

_____

_____

Card 3:_____

_____

_____

Interpretation:_____

_____

_____

_____

Date:_____ Time:_____

Deck:_____

Question:_____

_____

Card 1:_____

_____

_____

_____

Card 2:_____

_____

_____

_____

Card 3:_____

_____

_____

_____

Interpretation:_____

_____

_____

_____

Date:_____ Time:_____

Deck:_____

Question:_____

_____

Card 1:_____

_____

_____

Card 2:_____

_____

_____

Card 3:_____

_____

_____

Interpretation:_____

_____

_____

_____

Date:_____ Time:_____

Deck:_____

Question:_____

_____

Card 1:_____

_____

_____

Card 2:_____

_____

_____

Card 3:_____

_____

_____

Interpretation:_____

_____

_____

_____

Date:_____ Time:_____

Deck:_____

Question:_____

_____

Card 1:_____

_____

_____

Card 2:_____

_____

_____

Card 3:_____

_____

_____

Interpretation:_____

_____

_____

_____

Date:_____ Time:_____

Deck:_____

Question:_____
_____

Card 1:_____
_____
_____

Card 2:_____
_____
_____

Card 3:_____
_____
_____

Interpretation:_____
_____
_____
_____

Date:_____ Time:_____

Deck:_____

Question:_____

Card 1:_____
_____
_____

Card 2:_____
_____
_____

Card 3:_____
_____
_____

Interpretation:_____
_____
_____
_____

Date:_____ Time:_____

Deck:_____

Question:_____
_____

Card 1:_____
_____
_____
_____

Card 2:_____
_____
_____

Card 3:_____
_____
_____
_____

Interpretation:_____
_____
_____
_____

Date:_____ Time:_____

Deck:_____

Question:_____
_____

Card 1:_____
_____
_____

Card 2:_____
_____
_____

Card 3:_____
_____
_____

Interpretation:_____
_____
_____
_____

Date:_____ Time:_____

Deck:_____

Question:_____

_____

Card 1:_____

_____

_____

_____

Card 2:_____

_____

_____

_____

Card 3:_____

_____

_____

_____

Interpretation:_____

_____

_____

_____

Date:_____ Time:_____

Deck:_____

Question:_____

_____

Card 1:_____

_____

_____

Card 2:_____

_____

_____

Card 3:_____

_____

_____

_____

Interpretation:_____

_____

_____

_____

Date:_____ Time:_____

Deck:_____

Question:_____
_____

Card 1:_____
_____
_____

Card 2:_____
_____
_____

Card 3:_____
_____
_____

Interpretation:_____
_____
_____
_____

Date:_____ Time:_____

Deck:_____

Question:_____

Card 1:_____
_____
_____

Card 2:_____
_____
_____

Card 3:_____
_____
_____

Interpretation:_____
_____
_____
_____

Date:_____ Time:_____

Deck:_____

Question:_____

_____

Card 1:_____

_____

_____

Card 2:_____

_____

_____

Card 3:_____

_____

_____

Interpretation:_____

_____

_____

_____

Date:_____ Time:_____

Deck:_____

Question:_____

_____

Card 1:_____

_____

_____

Card 2:_____

_____

_____

Card 3:_____

_____

_____

Interpretation:_____

_____

_____

_____

Date:_____ Time:_____

Deck:_____

Question:_____
_____

Card 1:_____
_____
_____

Card 2:_____
_____
_____

Card 3:_____
_____
_____

Interpretation:_____
_____
_____
_____

Date:_____ Time:_____

Deck:_____

Question:_____

_____

Card 1:_____

_____

_____

Card 2:_____

_____

_____

Card 3:_____

_____

_____

_____

Interpretation:_____

_____

_____

_____

Date:_____ Time:_____

Deck:_____

Question:_____
_____

Card 1:_____
_____
_____

Card 2:_____
_____
_____

Card 3:_____
_____
_____

Interpretation:_____
_____
_____
_____

Date:_____ Time:_____

Deck:_____

Question:_____

_____

Card 1:_____

_____

_____

Card 2:_____

_____

_____

Card 3:_____

_____

_____

Interpretation:_____

_____

_____

_____

Date:_____ Time:_____

Deck:_____

Question:_____
_____

Card 1:_____
_____
_____
_____

Card 2:_____
_____
_____
_____

Card 3:_____
_____
_____
_____

Interpretation:_____
_____
_____
_____

Date:_____ Time:_____

Deck:_____

Question:_____

_____

Card 1:_____

_____

_____

Card 2:_____

_____

_____

Card 3:_____

_____

_____

Interpretation:_____

_____

_____

_____

Date:_____ Time:_____

Deck:_____

Question:_____

_____

Card 1:_____

_____

_____

Card 2:_____

_____

_____

Card 3:_____

_____

_____

_____

Interpretation:_____

_____

_____

_____

Date:_____ Time:_____

Deck:_____

Question:_____

_____

Card 1:_____

_____

_____

Card 2:_____

_____

_____

Card 3:_____

_____

_____

_____

Interpretation:_____

_____

_____

_____

Date:_____ Time:_____

Deck:_____

Question:_____
_____

Card 1:_____
_____
_____
_____

Card 2:_____
_____
_____
_____

Card 3:_____
_____
_____
_____

Interpretation:_____
_____
_____
_____

Date:_____ Time:_____

Deck:_____

Question:_____
_____

Card 1:_____
_____
_____

Card 2:_____
_____
_____

Card 3:_____
_____
_____

Interpretation:_____
_____
_____
_____

Date:_____ Time:_____

Deck:_____

Question:_____

_____

Card 1:_____

_____

_____

Card 2:_____

_____

_____

Card 3:_____

_____

_____

_____

Interpretation:_____

_____

_____

_____

Date:_____ Time:_____

Deck:_____

Question:_____
_____

Card 1:_____
_____
_____

Card 2:_____
_____
_____

Card 3:_____
_____
_____

Interpretation:_____
_____
_____
_____

Date:_____ Time:_____

Deck:_____

Question:_____
_____

Card 1:_____
_____
_____
_____

Card 2:_____
_____
_____
_____

Card 3:_____
_____
_____
_____

Interpretation:_____
_____
_____
_____

Date:_____ Time:_____

Deck:_____

Question:_____
_____

Card 1:_____
_____
_____

Card 2:_____
_____
_____

Card 3:_____
_____
_____

Interpretation:_____
_____
_____
_____

Date:_____ Time:_____

Deck:_____

Question:_____
_____

Card 1:_____
_____
_____

Card 2:_____
_____
_____

Card 3:_____
_____
_____

Interpretation:_____
_____
_____
_____

Date:_____ Time:_____

Deck:_____

Question:_____

_____

Card 1:_____

_____

_____

Card 2:_____

_____

_____

Card 3:_____

_____

_____

Interpretation:_____

_____

_____

_____

Date:_____ Time:_____

Deck:_____

Question:_____
_____

Card 1:_____
_____
_____

Card 2:_____
_____
_____

Card 3:_____
_____
_____

Interpretation:_____
_____
_____
_____

Date:_____ Time:_____

Deck:_____

Question:_____
_____

Card 1:_____
_____
_____
_____

Card 2:_____
_____
_____
_____

Card 3:_____
_____
_____
_____

Interpretation:_____
_____
_____
_____

Date:_____ Time:_____

Deck:_____

Question:_____
_____

Card 1:_____
_____
_____
_____

Card 2:_____
_____
_____
_____

Card 3:_____
_____
_____
_____

Interpretation:_____
_____
_____
_____

Date:_____ Time:_____

Deck:_____

Question:_____
_____

Card 1:_____
_____
_____
_____

Card 2:_____
_____
_____
_____

Card 3:_____
_____
_____
_____

Interpretation:_____
_____
_____
_____

Date:_____ Time:_____

Deck:_____

Question:_____
_____

Card 1:_____
_____
_____

Card 2:_____
_____
_____

Card 3:_____
_____
_____

Interpretation:_____
_____
_____
_____

Date:_____ Time:_____

Deck:_____

Question:_____
_____

Card 1:_____
_____
_____
_____

Card 2:_____
_____
_____
_____

Card 3:_____
_____
_____
_____

Interpretation:_____
_____
_____
_____

Date:_____ Time:_____

Deck:_____

Question:_____

_____

Card 1:_____

_____

_____

Card 2:_____

_____

_____

Card 3:_____

_____

_____

Interpretation:_____

_____

_____

_____

Date:_____ Time:_____

Deck:_____

Question:_____

_____

Card 1:_____

_____

_____

Card 2:_____

_____

_____

Card 3:_____

_____

_____

_____

Interpretation:_____

_____

_____

_____

Date:_____ Time:_____

Deck:_____

Question:_____

_____

Card 1:_____

_____

_____

Card 2:_____

_____

_____

Card 3:_____

_____

_____

Interpretation:_____

_____

_____

_____

Date:_____ Time:_____

Deck:_____

Question:_____

_____

Card 1:_____

_____

_____

_____

Card 2:_____

_____

_____

_____

Card 3:_____

_____

_____

_____

Interpretation:_____

_____

_____

_____

Date:_____ Time:_____

Deck:_____

Question:_____

_____

Card 1:_____

_____

_____

_____

Card 2:_____

_____

_____

_____

Card 3:_____

_____

_____

_____

Interpretation:_____

_____

_____

_____

Date:_____ Time:_____

Deck:_____

Question:_____

_____

Card 1:_____

_____

_____

Card 2:_____

_____

_____

Card 3:_____

_____

_____

Interpretation:_____

_____

_____

_____

Date:_____ Time:_____

Deck:_____

Question:_____
_____

Card 1:_____
_____
_____
_____

Card 2:_____
_____
_____
_____

Card 3:_____
_____
_____
_____

Interpretation:_____
_____
_____
_____

Date:_____ Time:_____

Deck:_____

Question:_____
_____

Card 1:_____
_____
_____

Card 2:_____
_____
_____

Card 3:_____
_____
_____

Interpretation:_____
_____
_____
_____

Date:_____ Time:_____

Deck:_____

Question:_____
_____

Card 1:_____
_____
_____

Card 2:_____
_____
_____

Card 3:_____
_____
_____

Interpretation:_____
_____
_____
_____

Date:_____ Time:_____

Deck:_____

Question:_____

_____

Card 1:_____

_____

_____

Card 2:_____

_____

_____

Card 3:_____

_____

_____

_____

Interpretation:_____

_____

_____

_____

Date:_____ Time:_____

Deck:_____

Question:_____
_____

Card 1:_____
_____
_____
_____

Card 2:_____
_____
_____
_____

Card 3:_____
_____
_____
_____

Interpretation:_____
_____
_____
_____

Date:_____ Time:_____

Deck:_____

Question:_____

_____

Card 1:_____

_____

_____

Card 2:_____

_____

_____

Card 3:_____

_____

_____

_____

Interpretation:_____

_____

_____

_____

Date:_____ Time:_____

Deck:_____

Question:_____

_____

Card 1:_____

_____

_____

Card 2:_____

_____

_____

Card 3:_____

_____

_____

Interpretation:_____

_____

_____

Date:_____ Time:_____

Deck:_____

Question:_____

_____

Card 1:_____

_____

_____

Card 2:_____

_____

_____

Card 3:_____

_____

_____

_____

Interpretation:_____

_____

_____

_____

Date:_____ Time:_____

Deck:_____

Question:_____
_____

Card 1:_____
_____
_____
_____

Card 2:_____
_____
_____
_____

Card 3:_____
_____
_____
_____

Interpretation:_____
_____
_____
_____

Date:_____ Time:_____

Deck:_____

Question:_____

_____

Card 1:_____

_____

_____

Card 2:_____

_____

_____

Card 3:_____

_____

_____

Interpretation:_____

_____

_____

_____

Date:_____ Time:_____

Deck:_____

Question:_____
_____

Card 1:_____
_____
_____
_____

Card 2:_____
_____
_____
_____

Card 3:_____
_____
_____
_____

Interpretation:_____
_____
_____
_____

Date:_____ Time:_____

Deck:_____

Question:_____

_____

Card 1:_____

_____

_____

Card 2:_____

_____

_____

Card 3:_____

_____

_____

_____

Interpretation:_____

_____

_____

_____

Date:_____ Time:_____

Deck:_____

Question:_____

_____

Card 1:_____

_____

_____

_____

Card 2:_____

_____

_____

_____

Card 3:_____

_____

_____

_____

Interpretation:_____

_____

_____

_____

Date:_____ Time:_____

Deck:_____

Question:_____
_____

Card 1:_____
_____
_____

Card 2:_____
_____
_____

Card 3:_____
_____
_____

Interpretation:_____
_____
_____
_____

Date:_____ Time:_____

Deck:_____

Question:_____
_____

Card 1:_____
_____
_____
_____

Card 2:_____
_____
_____
_____

Card 3:_____
_____
_____
_____

Interpretation:_____
_____
_____
_____

Date:_____ Time:_____

Deck:_____

Question:_____
_____

Card 1:_____
_____
_____

Card 2:_____
_____
_____

Card 3:_____
_____
_____

Interpretation:_____
_____
_____
_____

Date:_____ Time:_____

Deck:_____

Question:_____

_____

Card 1:_____

_____

_____

_____

Card 2:_____

_____

_____

_____

Card 3:_____

_____

_____

_____

Interpretation:_____

_____

_____

_____

Date:_____ Time:_____

Deck:_____

Question:_____

_____

Card 1:_____

_____

_____

_____

Card 2:_____

_____

_____

_____

Card 3:_____

_____

_____

_____

Interpretation:_____

_____

_____

_____

Date:_____ Time:_____

Deck:_____

Question:_____
_____

Card 1:_____
_____
_____
_____

Card 2:_____
_____
_____
_____

Card 3:_____
_____
_____
_____

Interpretation:_____
_____
_____
_____

Date:_____ Time:_____

Deck:_____

Question:_____
_____

Card 1:_____
_____
_____

Card 2:_____
_____
_____

Card 3:_____
_____
_____

Interpretation:_____
_____
_____
_____

Date:_____ Time:_____

Deck:_____

Question:_____
_____

Card 1:_____
_____
_____
_____

Card 2:_____
_____
_____
_____

Card 3:_____
_____
_____
_____

Interpretation:_____
_____
_____
_____

Date:_____ Time:_____

Deck:_____

Question:_____

_____

Card 1:_____

_____

_____

Card 2:_____

_____

_____

Card 3:_____

_____

_____

Interpretation:_____

_____

_____

_____

Date:_____ Time:_____

Deck:_____

Question:_____
_____

Card 1:_____
_____
_____

Card 2:_____
_____
_____

Card 3:_____
_____
_____

Interpretation:_____
_____
_____
_____

Date:_____ Time:_____

Deck:_____

Question:_____
_____

Card 1:_____
_____
_____

Card 2:_____
_____
_____

Card 3:_____
_____
_____

Interpretation:_____
_____
_____
_____

Date:_____ Time:_____

Deck:_____

Question:_____
_____

Card 1:_____
_____
_____
_____

Card 2:_____
_____
_____
_____

Card 3:_____
_____
_____
_____

Interpretation:_____
_____
_____
_____

Date:_____ Time:_____

Deck:_____

Question:_____

_____

Card 1:_____

_____

_____

_____

Card 2:_____

_____

_____

_____

Card 3:_____

_____

_____

_____

Interpretation:_____

_____

_____

_____

Date:_____ Time:_____

Deck:_____

Question:_____
_____

Card 1:_____
_____
_____

Card 2:_____
_____
_____

Card 3:_____
_____
_____

Interpretation:_____
_____
_____

Date:_____ Time:_____

Deck:_____

Question:_____
_____

Card 1:_____
_____
_____
_____

Card 2:_____
_____
_____
_____

Card 3:_____
_____
_____
_____

Interpretation:_____
_____
_____
_____

Date:_____ Time:_____

Deck:_____

Question:_____

_____

Card 1:_____

_____

_____

Card 2:_____

_____

_____

Card 3:_____

_____

_____

_____

Interpretation:_____

_____

_____

_____

Date:_____ Time:_____

Deck:_____

Question:_____
_____

Card 1:_____
_____
_____

Card 2:_____
_____
_____

Card 3:_____
_____
_____

Interpretation:_____
_____
_____
_____

Date:_____ Time:_____

Deck:_____

Question:_____

_____

Card 1:_____

_____

_____

Card 2:_____

_____

_____

Card 3:_____

_____

_____

Interpretation:_____

_____

_____

_____

Date:_____ Time:_____

Deck:_____

Question:_____
_____

Card 1:_____
_____
_____
_____

Card 2:_____
_____
_____
_____

Card 3:_____
_____
_____
_____

Interpretation:_____
_____
_____
_____

Date:_____ Time:_____

Deck:_____

Question:_____
_____

Card 1:_____
_____
_____

Card 2:_____
_____
_____

Card 3:_____
_____
_____

Interpretation:_____
_____
_____
_____

Date:_____ Time:_____

Deck:_____

Question:_____

_____

Card 1:_____

_____

_____

_____

Card 2:_____

_____

_____

_____

Card 3:_____

_____

_____

_____

Interpretation:_____

_____

_____

_____

Date:_____ Time:_____

Deck:_____

Question:_____

_____

Card 1:_____

_____

_____

Card 2:_____

_____

_____

Card 3:_____

_____

_____

Interpretation:_____

_____

_____

Date:_____ Time:_____

Deck:_____

Question:_____

_____

Card 1:_____

_____

_____

Card 2:_____

_____

_____

Card 3:_____

_____

_____

Interpretation:_____

_____

_____

_____

Date:_____ Time:_____

Deck:_____

Question:_____
_____

Card 1:_____
_____
_____

Card 2:_____
_____
_____

Card 3:_____
_____
_____

Interpretation:_____
_____
_____

Date:_____ Time:_____

Deck:_____

Question:_____
_____

Card 1:_____
_____
_____

Card 2:_____
_____
_____

Card 3:_____
_____
_____

Interpretation:_____
_____
_____
_____

Date:_____ Time:_____

Deck:_____

Question:_____

_____

Card 1:_____

_____

_____

Card 2:_____

_____

_____

Card 3:_____

_____

_____

Interpretation:_____

_____

_____

_____

Date:_____ Time:_____

Deck:_____

Question:_____
_____

Card 1:_____
_____
_____

Card 2:_____
_____
_____

Card 3:_____
_____
_____

Interpretation:_____
_____
_____
_____

Date:_____ Time:_____

Deck:_____

Question:_____
_____

Card 1:_____
_____
_____
_____

Card 2:_____
_____
_____
_____

Card 3:_____
_____
_____
_____

Interpretation:_____
_____
_____
_____

Date:_____ Time:_____

Deck:_____

Question:_____

_____

Card 1:_____

_____

_____

Card 2:_____

_____

_____

Card 3:_____

_____

_____

Interpretation:_____

_____

_____

_____

Date:_____ Time:_____

Deck:_____

Question:_____
_____

Card 1:_____
_____
_____

Card 2:_____
_____
_____

Card 3:_____
_____
_____

Interpretation:_____
_____
_____
_____

Date:_____ Time:_____

Deck:_____

Question:_____

_____

Card 1:_____

_____

_____

_____

Card 2:_____

_____

_____

_____

Card 3:_____

_____

_____

_____

Interpretation:_____

_____

_____

_____

Date:_____ Time:_____

Deck:_____

Question:_____
_____

Card 1:_____
_____
_____
_____

Card 2:_____
_____
_____
_____

Card 3:_____
_____
_____
_____

Interpretation:_____
_____
_____
_____

Date:_____ Time:_____

Deck:_____

Question:_____
_____

Card 1:_____
_____
_____
_____

Card 2:_____
_____
_____
_____

Card 3:_____
_____
_____
_____

Interpretation:_____
_____
_____
_____

Date:_____ Time:_____

Deck:_____

Question:_____
_____

Card 1:_____
_____
_____

Card 2:_____
_____
_____

Card 3:_____
_____
_____

Interpretation:_____
_____
_____
_____

Date:_____ Time:_____

Deck:_____

Question:_____
_____

Card 1:_____
_____
_____
_____

Card 2:_____
_____
_____
_____

Card 3:_____
_____
_____
_____

Interpretation:_____
_____
_____
_____

Date:_____ Time:_____

Deck:_____

Question:_____

_____

Card 1:_____

_____

_____

Card 2:_____

_____

_____

Card 3:_____

_____

_____

Interpretation:_____

_____

_____

_____

Date:_____ Time:_____

Deck:_____

Question:_____

_____

Card 1:_____

_____

_____

Card 2:_____

_____

_____

Card 3:_____

_____

_____

Interpretation:_____

_____

_____

_____

Date:_____ Time:_____

Deck:_____

Question:_____
_____

Card 1:_____
_____
_____
_____

Card 2:_____
_____
_____
_____

Card 3:_____
_____
_____
_____

Interpretation:_____
_____
_____
_____

Date:_____ Time:_____

Deck:_____

Question:_____

_____

Card 1:_____

_____

_____

_____

Card 2:_____

_____

_____

_____

Card 3:_____

_____

_____

_____

Interpretation:_____

_____

_____

_____

Date:_____ Time:_____

Deck:_____

Question:_____

_____

Card 1:_____

_____

_____

Card 2:_____

_____

_____

Card 3:_____

_____

_____

_____

Interpretation:_____

_____

_____

_____

Date:_____ Time:_____

Deck:_____

Question:_____

_____

Card 1:_____

_____

_____

Card 2:_____

_____

_____

Card 3:_____

_____

_____

Interpretation:_____

_____

_____

_____

Date:_____ Time:_____

Deck:_____

Question:_____
_____

Card 1:_____
_____
_____

Card 2:_____
_____
_____

Card 3:_____
_____
_____

Interpretation:_____
_____
_____
_____

Date:_____ Time:_____

Deck:_____

Question:_____

_____

Card 1:_____

_____

_____

_____

Card 2:_____

_____

_____

_____

Card 3:_____

_____

_____

_____

Interpretation:_____

_____

_____

_____

Date:_____ Time:_____

Deck:_____

Question:_____
_____

Card 1:_____
_____
_____

Card 2:_____
_____
_____

Card 3:_____
_____
_____
_____

Interpretation:_____
_____
_____
_____

Date:_____ Time:_____

Deck:_____

Question:_____
_____

Card 1:_____
_____
_____

Card 2:_____
_____
_____

Card 3:_____
_____
_____

Interpretation:_____
_____
_____

Date:_____ Time:_____

Deck:_____

Question:_____

_____

Card 1:_____

_____

_____

Card 2:_____

_____

_____

Card 3:_____

_____

_____

Interpretation:_____

_____

_____

_____

Date:_____ Time:_____

Deck:_____

Question:_____
_____

Card 1:_____
_____
_____

Card 2:_____
_____
_____

Card 3:_____
_____
_____

Interpretation:_____
_____
_____
_____

Date:_____ Time:_____

Deck:_____

Question:_____
_____

Card 1:_____
_____
_____
_____

Card 2:_____
_____
_____
_____

Card 3:_____
_____
_____
_____

Interpretation:_____
_____
_____
_____

Date:_____ Time:_____

Deck:_____

Question:_____
_____

Card 1:_____
_____
_____

Card 2:_____
_____
_____

Card 3:_____
_____
_____

Interpretation:_____
_____
_____
_____

Date:_____ Time:_____

Deck:_____

Question:_____
_____

Card 1:_____
_____
_____

Card 2:_____
_____
_____

Card 3:_____
_____
_____

Interpretation:_____
_____
_____
_____

Date:_____ Time:_____

Deck:_____

Question:_____
_____

Card 1:_____
_____
_____

Card 2:_____
_____
_____

Card 3:_____
_____
_____

Interpretation:_____
_____
_____
_____

Date:_____ Time:_____

Deck:_____

Question:_____
_____

Card 1:_____
_____
_____
_____

Card 2:_____
_____
_____
_____

Card 3:_____
_____
_____
_____

Interpretation:_____
_____
_____
_____

Date:_____ Time:_____

Deck:_____

Question:_____

_____

Card 1:_____

_____

_____

Card 2:_____

_____

_____

Card 3:_____

_____

_____

Interpretation:_____

_____

_____

_____

Date:_____ Time:_____

Deck:_____

Question:_____
_____

Card 1:_____
_____
_____
_____

Card 2:_____
_____
_____
_____

Card 3:_____
_____
_____
_____

Interpretation:_____
_____
_____
_____

Date:_____ Time:_____

Deck:_____

Question:_____

_____

Card 1:_____

_____

_____

Card 2:_____

_____

_____

Card 3:_____

_____

_____

Interpretation:_____

_____

_____

_____

Date:_____ Time:_____

Deck:_____

Question:_____
_____

Card 1:_____
_____
_____
_____

Card 2:_____
_____
_____
_____

Card 3:_____
_____
_____
_____

Interpretation:_____
_____
_____
_____

Date:_____ Time:_____

Deck:_____

Question:_____
_____

Card 1:_____
_____
_____

Card 2:_____
_____
_____

Card 3:_____
_____
_____

Interpretation:_____
_____
_____
_____

Date:_____ Time:_____

Deck:_____

Question:_____
_____

Card 1:_____
_____
_____

Card 2:_____
_____
_____

Card 3:_____
_____
_____

Interpretation:_____
_____
_____
_____

Date:_____ Time:_____

Deck:_____

Question:_____

_____

Card 1:_____

_____

_____

Card 2:_____

_____

_____

Card 3:_____

_____

_____

Interpretation:_____

_____

_____

_____

Date:_____ Time:_____

Deck:_____

Question:_____
_____

Card 1:_____
_____
_____
_____

Card 2:_____
_____
_____
_____

Card 3:_____
_____
_____
_____

Interpretation:_____
_____
_____
_____

Date:_____ Time:_____

Deck:_____

Question:_____

_____

Card 1:_____

_____

_____

Card 2:_____

_____

_____

Card 3:_____

_____

_____

Interpretation:_____

_____

_____

_____

Date:_____ Time:_____

Deck:_____

Question:_____

_____

Card 1:_____

_____

_____

Card 2:_____

_____

_____

Card 3:_____

_____

_____

Interpretation:_____

_____

_____

_____

Date:_____ Time:_____

Deck:_____

Question:_____
_____

Card 1:_____
_____
_____
_____

Card 2:_____
_____
_____
_____

Card 3:_____
_____
_____
_____

Interpretation:_____
_____
_____
_____

Date:_____ Time:_____

Deck:_____

Question:_____

_____

Card 1:_____

_____

_____

_____

Card 2:_____

_____

_____

_____

Card 3:_____

_____

_____

_____

Interpretation:_____

_____

_____

_____

Date:_____ Time:_____

Deck:_____

Question:_____
_____

Card 1:_____
_____
_____
_____

Card 2:_____
_____
_____
_____

Card 3:_____
_____
_____
_____

Interpretation:_____
_____
_____
_____

Date:_____ Time:_____

Deck:_____

Question:_____

_____

Card 1:_____

_____

_____

_____

Card 2:_____

_____

_____

_____

Card 3:_____

_____

_____

_____

Interpretation:_____

_____

_____

_____

Date:_____ Time:_____

Deck:_____

Question:_____
_____

Card 1:_____
_____
_____
_____

Card 2:_____
_____
_____
_____

Card 3:_____
_____
_____
_____

Interpretation:_____
_____
_____
_____

Date:_____ Time:_____

Deck:_____

Question:_____

_____

Card 1:_____

_____

_____

Card 2:_____

_____

_____

Card 3:_____

_____

_____

Interpretation:_____

_____

_____

_____

Date:_____ Time:_____

Deck:_____

Question:_____

_____

Card 1:_____

_____

_____

_____

Card 2:_____

_____

_____

_____

Card 3:_____

_____

_____

_____

Interpretation:_____

_____

_____

_____

Thank you for choosing our journal!
We hope you enjoy it as much as we do.

We Invite you to check out our website
for more of our books:

www.TheJournalFolks.com

Made in the USA
Las Vegas, NV
10 January 2024

84165830R00076